그림자를 믿지 마!

그림자를 믿지 마!

Shadows of the Neanderthal

데이비드 허친스 글·바비 곰버트 그림 | 박영욱 해설

바다어린이

Original publication information **Shadows of the Neanderthal** :
Illuminating the Beliefs that Limit our Organizations by
David Hutchens; illustrated by Bobby Gombert
Copyright ⓒ 1999 by David Hutchens
Illustrations ⓒ Pegasus Communications, Inc.
Korean translation copyright ⓒ 2008 by BADA Publishing Co.
This Korean edition is published by arrangement with Pegasus Communications, Inc.
All rights reserved. No part of this book may be reproduced or transmitted in any form or by any means, electronic or mechanical, including photocopying and recording, or by any information storage or retrieval system, without written permission from the publisher.

이 책의 한국어판 저작권은 Pegasus Communications, Inc.와의 독점 계약으로 바다출판사에 있습니다.
저작권법에 의해 한국 내에서 보호를 받는 저작물이므로 무단 전재와 무단 복제를 금합니다.

차례

1. 동굴 속 원시인들 7
2. 혼란을 일으킨 부기의 질문 19
3. 부기, 세상에 눈뜨다 29
4. 마이크 할아버지가 들려준 두 부족 이야기 43
5. 부기가 망루에 올라 두 부족을 이해하다 55
6. 다시 동굴로 돌아간 부기 73

〈그림자를 믿지 마!〉 철학적으로 읽기 80

1
동굴 속 원시인들

아주 먼 옛날, 다섯 명의 원시인이 있었어요.

원시인들의 이름은
웅가, 붕가, 우기, 부기,
그리고 트레볼이었어요.

그들은 한 동굴에 살고 있었어요.

원시인들은 단 한 번도 동굴을 떠난 적이 없었어요.
그저 낮이나 밤이나 동굴 속에서 지내면서 죽은 벌레나
마른 잎사귀가 동굴 안으로 밀려들어 오기만을 기다릴 뿐이었어요.
그래야 먹고살 수 있었거든요.

동굴 사람들은 이렇게 외떨어진 삶에 적응하며 살아갔어요.
왜냐하면 동굴 입구가 우주의 끝이라고 믿었거든요.

그렇게 살아가다 보니, 동굴 사람들은 자신들의 처지에 대해
재미있는 생각들을 갖게 되었어요.

"동굴 밖에는 아무것도 없다.
밖으로 나가면, 휙
웅가도 없어진다."
웅가가 말했어요.

"아니야. 동굴 밖에는
큰 용이 있다. 그 용이 붕가
한입에 삼켜 버린다."
붕가가 이렇게 맞섰어요.

"아니야, 아니야."
우기가 말했어요.
"동굴 밖에는 커다랗고 미친
괴물이 있다. 그 커다랗고 미친 괴물이 우기 짓밟는다.
우기 납작한 고깃덩어리 된다."

이처럼 의견이 서로 달랐지만, 한 가지만은 동굴 사람들
모두 동의했어요. 그것은 바로 절대로 동굴을 떠나면
안 된다는 사실이었어요.

동굴 사람들은 만전을 기하기 위해 동굴 입구 쪽으로는
아예 고개도 돌리지 않았어요. 그들은 동굴 입구를 등진 채
동굴 안쪽만 바라보며 살아갔어요.

여러분이 상상하듯, 그들의 생활은 무척이나 따분하고 지루했어요.
그리고 동굴 사람들의 등은 항상 햇빛에 그을려 시커멨어요.

때때로 동굴 입구 앞으로 동물이 지나갔어요.
그러나 동굴 사람들은 결코 그것을 보려 하지 않았어요.
대신 입구를 등진 채로, 동굴의 뒷벽에 비치는
동물의 그림자만을 보았어요.

동굴 사람들에게는 그 그림자들이야말로 참된 존재였어요.

그래서 동굴 입구에 하이에나라도 나타나 뛰어다니면
동굴 뒷벽에 비친 그림자를 보고 동굴 사람들은
겁에 질려 웅크렸어요.

또 나비 한 마리가 나타나 날아다니면
그들은 훨훨 요리조리 늘아다니는 나비의 그림자를
신이 나서 쫓아다녔어요.

한번은 미쳐 날뛰던 기린이 멧돼지를 바로 동굴 입구에서
밟아 죽인 적이 있었어요.

하지만 동굴 사람들은 대체 무슨 일이 벌어진 건지
짐작조차 못했어요.

동굴 사람들은 자신들이 이 세상에 대해
아주 조금밖에 모른다는 사실을 전혀 깨닫지 못했어요.

동굴 사람들에게는 동굴 안에서 일어나는 일만이 진실이었어요.
그렇게 그들은 만족하며 살았어요.

2

혼란을 일으킨 부기의 질문

매년 봄이 다가오면 동굴 사람들은 또다시 길고 풍요로운 계절을 고대하며, 동굴 벽에 이런저런 그림을 그렸어요. 그리고 죽은 벌레들을 먹으며 진흙으로 재떨이 같은 것을 만들기도 했어요.
(정말 재떨이 모양이었어요. 그들은 아직 진화가 덜 되어 도자기 만드는 기술을 제대로 몰랐어요. 나름대로 최선을 다했지만 그들이 만든 것은 모두 재떨이 모양이었어요.)

그러던 어느 화창한 봄날 아침이었어요.
부기가 잠을 제대로 못 잔 듯 부스스한 모습으로 일어났어요.

그리고 바람에 날려 동굴 안으로 들어온 마른 목련 잎사귀를 씹으며 말했어요.
"부기 심심하고 배고프다."

그리고 언제나 변함없이 칙칙한 황갈색의 동굴 벽을 바라보며
무심코 중얼거렸어요.
"부기 동굴 밖에 뭐 있는지 궁금하다."

그러자 다른 원시인들은 방금 들은 말을 도저히 믿을 수 없다는 듯
부기를 쳐다보았어요.
지금까지 아무도 그런 말을 한 적이 없었기 때문이에요.

부기는 자기를 쳐다보는 친구들에게 설명했어요.
"부기 그냥 궁금하다. 동굴 밖에 먹을 게 더 있는지, 물이 더 있는지, 거기가 여기보다 더 넓은지."

웅가가 기가 막힌다는 듯 말했어요.
"야, 부기. 너 도대체 지금 그걸 말이라고 하는 거야?"

"야, 여기 아주 넓다."
붕가가 재빨리 끼어들며 말했어요.

트레볼도 돌멩이를 쪽쪽 빨면서 거들었어요.
"먹을 것도 많잖아."

"그렇지만 우리는 동굴 안에 있는 것밖에 못 본다!"
부기가 말했어요.

"우리가 진짜를 못 보고 있다면 어떡할래?"

이 말에 친구들은 기분이 아주 나빠졌어요.
그들은 화를 내기 시작했어요.

"부기 우리보고 틀렸대."
웅가가 소리쳤어요.

"부기 미쳤다."
붕가가 말했어요.

"부기 홀렸다. 정신 나간 게 틀림없다."
트레볼이 단정 지으며 말했어요.

"부기가 다 망가뜨리려 한다!"
우기가 쏘아붙였어요.
"이제 우리 사이는 끝이야."

"부기, 그렇게 궁금하면 여기서 나가도 좋다. 아무것도 없는 밖으로 나가서 죽든지 말든지 맘대로 해라."
웅가가 으르렁댔어요.

"미친 괴물이 널 벌레처럼 콱 밟아 죽일걸."
우기가 야유를 해 댔어요.

"나가서 더럽고 냄새나는 용의 입속에 들어가 죽어 버려!"
붕가가 꽥 소리쳤어요.

트레볼이 바닥에서 진흙으로 만든 재떨이를 집어 들어 부기에게
던졌어요. 그러자 다른 사람들도 똘똘 뭉쳐 겁에 질린 부기를 마구
공격했어요.

"그래. 가 버려. 나가 버려."
모두 소리쳤어요.

부기는 날아드는 물건들을 피해 몸을 웅크리고 머리를 감싸 쥔 채
친구들이 퍼붓는 온갖 욕설을 들었어요. 그리고 마침내
태어나서 처음으로 동굴 입구 쪽으로 몸을 돌려 그곳을 바라보았어요.

"나가!"
모두 고함쳤어요.

솟구쳐 오르는 눈물을 삼키며, 부기는 친구들로부터 도망쳐 달리기 시작했어요. 동굴 입구를 향해…….

그리고 바깥세상의 밝은 빛 속으로…….

3

부기,
세상에 눈뜨다

부기는 동굴 친구들에게 난데없이 공격을 받아 얼이 빠진 듯이 동굴을 뛰
쳐나왔어요. 나와서도 완전히 지쳐 쓰러질 때까지, 넘어질 듯 비틀거리며
달렸어요.

그리고 한참 동안을 엎드려 울다가 정신 나간 사람처럼 멍하니
있었어요.

왜 친구들이 그렇게 갑자기 야만스럽게 덤볐을까?
그냥 궁금해서 한번 물어봤을 뿐인데…….

마침내 부기는 흐르는 눈물을 닦고 위를 올려다보았어요.

그 순간 그는 너무 놀라 숨이 막혀 왔어요.

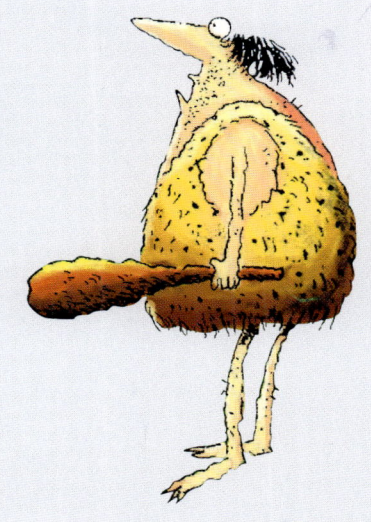

바깥세상은 정말 컸어요.
부기가 상상했던 것보다 훨씬 더 컸어요.

그는 놀랍도록 다양한 생명체들을 보았어요.
그중 어떤 것들은 동굴 안에서 그림자로만 희미하게
보았던 것이었어요.
그러나 그 그림자들은 진짜 아름다운 모습의
일부에 지나지 않았어요.

부기는 놀라움에 가득 차서
이곳저곳을 살피며 돌아다니기
시작했어요.

그러다 멀리 언덕 저편에 사람처럼 보이는 무언가가 앉아 있는 것을 보았어요.

가까이 다가가 보니 정말로 사람이었어요.
아주 아주 늙은 사람이었어요.

부기는 그 노인에게 다가가 말했어요.
"안녕, 난 부기야."

"그런가. 내 이름은 '산등성이에 앉아 진실을 꿰뚫어 보고 지혜를 나눠 줘' 일세. 뭐 간단히 마이크라고 불러도 좋네. 이리 와 앉게나."
부기는 마이크 할아버지 옆에 앉았어요.

"보아하니 자네는 동굴에서 나왔구먼. 바깥세상에 나온 걸 환영하네. 자네가 동굴에서 나온 첫 번째 사람이야. 자네 혹시 누구랑 같이 나왔나?"
마이크 할아버지가 물었어요.

"아니. 부기 혼자야. 그런데 부기가 동굴에서 나온 거 어떻게 알아?"

"자네 말솜씨가 정말로 엉망이거든. 도대체 동굴 사람들은 말을 왜 그렇게밖에 못하나 모르겠어. 정말 답답한 친구들이야."

부기는 부끄러워 얼굴이 빨개졌어요.
마이크 할아버지는 말을 계속했어요.
"나는 모든 사람들이 자신들의 동굴에서 나와 다시 이 땅 위에 정착하게 될 그날만을 기다리며 살아왔지."

부기는 그 말에 놀라 물었어요.
"다른 사람들이 다른 동굴들에 살아요?"
(부기는 자신의 생각을 조심스럽게 말했어요. 혹시라도 문법이

틀리지 않을까 무척 의식하면서요.)

"오, 그럼. 이 땅 여기저기 수백 개의 동굴 속에 아주 많이들
살고 있지."
그러나 곧 마이크 할아버지는 슬픈 눈으로 먼 곳을 바라보며
나지막이 말했어요.
"하지만 아무도 나오질 않아. 그들은 결코 배우려 하질 않아."

"그런데 바깥에 이렇게 큰 세상이 있는데 왜 많은 사람들이
동굴 속에 살게 된 거예요?"
부기가 물었어요.

그러자 마이크 할아버지는 이렇게 말했어요.
"그것은 아주 오래전으로 거슬러 올라간단다……."

4

마이크 할아버지가 들려준 두 부족 이야기

그러니까 신석기 시대로 접어들어 약 45분 정도 흘렀을 때였지. 너희들의 조상들은 바로 이 땅에서 큰 종족을 이루며 살았단다. 인구는 매년 계속해서 늘어났어. 그때가 정말 행복한 시간이었지.

그러나 점점 사람들이 많아지면서 이 땅은 더 이상 그들을 감당할 수 없게 되었어. 식량이 부족해지고 사람들은 굶주리게 된 거야. 사람들은 살아남기 위해서는 더 넓은 땅이 필요하다는 것을 깨닫게 되었지.

절박해진 그들은 부족의 장로들 앞에서 회의를 열었어.
한 지혜로운 장로가 사람들에게 이렇게 말했지.
"가서 높은 망루를 세워 더 넓은 땅을 살펴보도록 하게.
우리 주위의 지형을 잘 알게 된다면, 우리가 무엇을
해야 할지도 알게 될걸세."

사람들은 시키는 대로 했단다.

(마이크 할아버지는 긴 한숨을 내쉰 뒤 다시 이야기를 이어 갔어요.)

여러 날이 지나 사람들이 다시 장로에게 돌아왔단다.
장로가 물었지.

"자네들, 망루는 다 세웠는가?"

"예, 세웠습니다."

그러자 장로가 다시 물었어.
"그럼 우리 땅 주위를 살펴보았는가?"

"예, 살펴보았습니다."

"그럼 우리가 살아남기 위해서 어떻게 해야겠던가?"

한 무리의 사람들이 이렇게 보고를 했어.
"우리들은 음식물을 담을 수 있는 바구니와 저장 창고를 만들어야 합니다. 그리고 텐트를 만들 천을 짤 베틀도 만들어야 합니다. 그렇게 해야만 주변 지형에서 우리 종족이 살아남을 수 있습니다."

그러자 다른 무리 사람들이 소리 높여 말했어.
"무슨 소리! 우리는 사냥을 위한 창과 덫, 무기를 만들어야 합니다. 그것만이 우리가 이 일대에서 살아남는 길입니다."

그러자 첫 번째 무리가 말했어.
"만일 사냥용 창과 덫, 무기를 만드느라 시간을 허비한다면
우리 종족은 분명히 다 죽을 것입니다."

두 번째 무리는 이렇게 말했지.
"천만에. 오히려 채집용 바구니와 저장 창고, 베틀 같은 것이나
만드느라고 시간을 허비한다면 그때야말로 우리 종족은 살아남을 수
없습니다."
상황이 이렇게 되자 이제는 장로들마저 헷갈리게 되었단다.

"나도 헷갈린다."
열심히 이야기를 듣고 있던 부기가 말했어요.
부기는 두 눈을 크게 뜨고 신경질적으로 돌을 쭉쭉 빨고 있었어요.
"그래서 어떻게 됐어요?"

"당연히 그들은 서로에게 몹시
화를 냈지."

첫 번째 무리가 다른 무리를 보고 이렇게 말했단다.
"무기는 사람을 죽이는 나쁜 거야. 무기를 만드는 일은 야만적인 일이야. 너희들은 야만인이야."

그 말을 들은 두 번째 무리는 이렇게 반박했어.
"우리 종족들이 굶어 죽고 있는데 가만히 앉아서 바구니나 만들고 있는 건 비겁한 일이야. 이 겁쟁이들아!"

그들은 계속해서 서로 상대방을 욕하고 또 욕했어.

"야, 이 야만인들아!"

"뭐라고? 이 겁쟁이들이!"

"싸움만 좋아하는 짐승 같은 놈들!"

"나무에 매달린 매미 같은 놈들!"

(부기는 비록 '나무에 매달린 매미 같은 놈들'이라는 말을 잘 이해하지는 못했지만, 그 이야기를 듣자 자신이 동굴을 떠날 때의 고통스러운 기억이 떠올랐어요. 그때 친구들은 자신에게 '정신 나간 놈', '미친 놈'이라는 말을 마구 퍼부었어요.)

"그래서 어떻게 됐어요?"
부기가 물었어요.

마이크 할아버지는 한동안 말없이 슬픈 눈으로 먼 곳을 바라보았습니다.
그리고 마침내 입을 열었어요.

"종족이 둘로 갈라졌지.
한 부족은 바구니를 짰고, 다른 부족은 창을 만들었어.
창을 만든 사람들이 바구니를 짰던 사람들을 쫓아내자
그들은 이곳저곳으로 흩어져 숨어 살게 되었지.
그리고 창을 가진 사람들끼리도 다투다, 결국 서로를 죽이고 말았지.
정말 끔찍했어."

"정말 그 사람들은 야만인이고 겁쟁이였네요."
부기가 말했어요.

"아니지. 적어도 처음에는 그렇지 않았어. 그러나 결국에는 그렇게 되었지. 서로 상대에게 말했던 대로 된 거야. 정말 그런 일이 일어났다는 것이 우습지 않니?"
마이크 할아버지가 쓸쓸히 말했어요.

아주 흥미로운 이야기였지만, 부기는 자신이 그것을 확실히 이해했다고 자신할 수 없었어요. 부기는 이 이야기를 좀 더 생각해 보아야겠다고 결심했어요.

"그럼, 지금은 다들 어디 있어요?"
부기가 물었어요.

"동굴에 있지. 모두 동굴 속에서 살고 있단다."
마이크 할아버지가 조용히 대답했어요.

오랫동안 부기와 마이크 할아버지는 그곳에 말없이 앉아 있었어요.
멀리 광활한 대지의 지평선을 바라보면서…….

5

부기가 망루에 올라
두 부족을 이해하다

부기는 마이크 할아버지가 들려준 두 부족의 이야기를 다시 곰곰이 생각해 보았어요. 그리고 자신이 살던 동굴에서의 경험들을 회상해 보았어요. 이 모든 일들이 어떤 관련이 있는 것처럼 보였지만 정확히 어떻게인지는 알 수 없었어요. 그는 자신의 뇌가 좀 더 진화했으면 하고 바랐어요. 그러면 마이크 할아버지의 이야기를 모두 이해할 수 있을 것만 같았어요.

한참 뒤, 부기가 다시 물었어요.
"그럼, 그들은 왜 처음에 서로 의견이 달랐죠? 왜 창과 바구니로 나뉘었던 거죠? 부기 이해 안 돼요."

그러자 마이크 할아버지의 눈이 빛나기 시작했어요.
"아, 아주 좋은 질문이야, 부기. 그럼 처음으로 돌아가 볼까? 너는 왜 그들이 서로 의견이 달랐다고 생각하니?"

부기는 잠깐 동안 우물거리다가 드디어 대답했어요.

"잘은 모르겠지만…… 꼭 동굴 벽의 그림자 같아요."

부기는 이 지혜로운 노인도 자신의 말을 완전히 이해하지는 못할 거라고 생각했어요. 그는 조심스럽게 단어를 골라 가며 계속해서 말했어요.

"에, 그러니까 모든 사람들이 세상을 잘못 보는 것 같아요. 그림자를 보는 것처럼요. 잘못 보니까 잘못 행동하는 것 같아요."

"대단하구나, 부기."
마이크 할아버지가 말했어요.
"하지만 여기서 문제의 핵심은 잘못 보는 게 아니라 한쪽 면만 본다는 걸 거야. 우리 조상들에게도 바로 그런 문제가 있었던 거지. 날 따라오너라. 보여 줄 게 있어."

부기와 마이크 할아버지는 그곳에서 동쪽으로 아주 멀리 걸어갔어요. 거기에는 그들의 조상들이 아주 오래전에 세운 망루 하나가 있었어요. 그것은 낡아 금방이라도 쓰러질 것처럼 보였지만 여전히 우뚝 서 있었어요.

"자, 올라가서 한번 보거라."
마이크 할아버지가 말했어요.

부기는 빙글빙글 돌아 올라가도록 만든 돌계단을 따라 조심스럽게 망루 위로 올라갔어요.

망루 꼭대기에 오르자 동쪽 지평선까지 바라볼 수 있었어요. 그곳은 거칠고 바위가 많은 땅으로 버팔로, 엘크, 양들로 가득 차 있었어요.

부기는 이처럼 야생동물이 많은 땅에서 살기 위해서는 당연히 사냥용 창과 덫, 무기들이 필요하리라는 것을 이해할 수 있었습니다.

부기가 이마를 찡그리면서 천천히 망루에서 내려오자
마이크 할아버지가 또 말했어요.

"나를 따라오너라."

그들은 반대쪽을 향해 좀 더 멀리 걸어갔어요.
그곳에도 역시 다 쓰러져 가는 낡은 망루가 하나 있었어요.
이 망루는 서쪽을 바라보게 지어져 있었어요.

부기가 망루 위로 올라갔어요.

망루 꼭대기에 오르자 이번에는 서쪽 지평선을 바라볼 수 있었어요. 동쪽 지대와는 다르게 이곳은 나무와 풀이 무성한 곳으로, 포도나무와 옥수수가 가득했고 야생 목화 숲도 있었어요.

부기는 이렇게 나무와 과실이 많은 땅에서는 당연히 바구니와 저장 창고, 베틀이 필요하리라는 것을 이해할 수 있었어요.

부기는 그제서야 왜 두 부족이 서로 전쟁까지 하게 되었는지 이해되었어요. 두 개의 서로 다른 망루가 그들에게 두 가지 서로 다른 관점을 갖게 했던 거예요.

"우리는 정말 조금밖에 못 보는구나……"
부기는 혼자 중얼거렸어요.
부기는 그곳에 서서 오랫동안 깊은 명상에 잠겼어요.

마침내 부기가 망루 아래로 내려왔어요. 부기는 매우 실망한 모습이었어요.

"모두 정말 바보 같아."
부기가 말했습니다.
"왜 바보같이 나뉘어? **왜 다르다고 서로 싸우는 거야?** 왜 서로의 망루에 올라가 보지 않은 거야? 그랬다면 서로가 다른 걸 보았다는 걸 금방 알았을 텐데……."

"그래, 정말 간단한 일인데 말이야."
마이크 할아버지가 대답했어요.
"하지만 그렇게 일이 쉽게 풀리는 경우는 아주 드물단다. 오히려 사람들은 서로 나뉘어 적대시하는 데 더 익숙하지. 왜들 그러는 것일까?"

부기도 그 이유를 정확히 알 수는 없었어요. 하지만 사람들은 누군가 그들이 믿는 것에 대해 의문을 던지거나 세상을 다르게 보는 법이 있다고 말하면 대단히 화를 내는 것 같았어요. 그러고는 서로에게 '미친 놈', '야만인', '겁쟁이'라는 딱지를 붙여 버리는 거예요. 그러고는 재떨이가 날아오고…… 살의에 찬 창이 날아오는 거예요.

부기는 이 일도 깊이 생각해 봐야겠다고 마음먹었어요.

부기가 갑자기 벌떡 일어서며 말했어요.
"부기는 이제 돌아갑니다."

"어디로 가려고?"
마이크 할아버지가 물었어요.

"동굴로 돌아가려고요. 내가 본 것을 다른 사람들에게 말해야겠어요. 더 이상 나뉘면 안 된다고, 더 이상 동굴에 숨어 있어선 안 된다고, 더 이상 돌멩이를 먹어선 안 된다고 말해야 해요.
다른 사람들이 더 많은 망루에 올라가 볼 수 있도록 해야 해요.
모두 함께 더 큰 진실을 보도록요. 그러면 우리는 다시 옛날처럼 큰 무리를 이룰 수 있을 거예요. 동물도 잡아먹고, 포도주도 마시고, 집도 짓고, 우리는 이 땅에서 다시 번성할 수 있을 거예요."

"조심하게."
마이크 할아버지가 걱정이 되는 듯 말했어요.
"자네와 같은 호기심 많은 사람도 동굴을 떠나는 것이 얼마나 고통스러웠던가를 기억하게. 하물며 동굴에서 사는 데 만족하고 있는 사람들이 그곳을 떠나기란 얼마나 더 어렵겠나?"

부기가 떠나려 하면서 말했어요.
"만일 만족하지 않는 사람들이 있다면, 나는 밖의 커다란 세상에 대해 들려주고 세상을 보는 새로운 방법을 알려 주겠어요. 그러면 그들도 더 많은 것을 배우고 더 많은 것을 보려 할 거예요."

"부기, 잠깐만 기다려 봐……."
마이크 할아버지가 부기를 따라가며 불렀어요.

그러나 부기는 이미 떠난 뒤였어요.

6

다시 동굴로 돌아간 부기

부기는 걷고 또 걸어
드디어 자신이 살던 동굴 입구로 다시 돌아왔어요.

동굴 저 깊은 곳에서 웅가, 붕가, 우기, 그리고 트레볼의 낯익은 목소리가 새어 나왔어요. 그리고 친구들이 간식으로 죽은 메뚜기를 씹어 먹는, 귀에 익은 소리가 들려왔어요. (부기는 갑자기 이렇게 사는 것이 얼마나 구역질 나는 일인지를 깨달았어요.)

부기의 마음은 슬픔과 두려움으로 아파왔어요.
'친구들은 지난번처럼 또 포악하게 달려들까? 동굴 벽 그림자의 정체에 대해 이야기하면, 또 동굴 밖에서 본 커다란 세상에 대해서 이야기하면 그들은 또다시 공격해 올까?

아니면 열린 마음으로, 그들이 이제까지 믿어 왔던 것들을 다시 확인하기 위해 나를 따라나설까?'

부기는 두근거리는 마음을 진정시키려, 깊은숨을 들이쉬었어요.

부기는 동굴 안으로 발을 옮기며 이렇게 결심했어요.

'만약 아무도 배우려 하지 않는다면, 배우려고 하는 다른 사람을 찾아가는 거야.

그래, 마이크 할아버지가 말했듯이, 이 세상에는 많은 사람들이 있어. 수많은 사람들이 수백 개나 되는 동굴 속에 살고 있어……'

……실제로는 수백만 개도 넘었어요.

끝

 # 〈그림자를 믿지 마!〉 철학적으로 읽기

철학 박사 박영욱

★ '그림자를 믿지 마!'는 무엇을 말하려는 걸까요?

　20세기에 활동하였던 현대 음악가 중에 프랑스 출신의 피에르 셰페르라는 작곡가가 있답니다. 그는 이전의 작곡가들과는 달리 아주 특이한 방식으로 곡을 만들었어요. 도로를 달리는 자동차의 소음 소리, 사람들이 웅성대는 소리, 처마에서 떨어지는 빗방울 소리 등 세상의 온갖 소리들로 음악을 만들고자 하였어요. 예전 같으면 엄두도 못 낼 일이었지요. 피아노나 바이올린같이 제대로 된 고운 음색을 내는 악기 소리로 만든 곡만 음악으로 여겼으니까요. 하지만 셰페르는 이런 악기들 소리를 제쳐 두고 일상생활 속에서 흔히 듣는 소리들로 음악을 만들었어요.

　셰페르가 왜 이런 곡들을 만들었는지 궁금하지 않나요? 도대체 평소에 듣는 소리들을 가지고 어떻게 음악을 만들겠다는 걸까요? 그가 만든 음악은 아름답기는커녕 듣기 싫은 소음 덩어리가 아닐까요?

　셰페르의 의도가 무엇일지 잘 생각해 보세요. 그는 평소에 무심코 지나쳤던 소리들이 얼마나 멋있는지 사람들에게 깨닫게 하고 싶었던 것입니다. 자, 벽에 걸린 시계 소리에 귀 기울여 보세요. '째깍째깍' 하는 규칙적인 박자에서 흥겨움이 느껴질 거예요. 도로를 지나가는 자동차 소리도 마찬가지예요. 가만히 귀를 기울여 보면 뭔가 흥을 돋우는 멜로디가 느껴질 겁니다.

이렇게 평소에 소음이라고 여겼던 소리들을 가만히 들어 보면 새로운 느낌이 들지요. 셰페르가 우리에게 선사한 것은 바로 평소에 관심을 갖지 않았던 소리들을 새롭게 들을 수 있는 귀랍니다.

책을 읽을 때도 마찬가지예요. 그저 커다란 줄거리만 생각하면 놓쳐 버리는 내용들이 너무 많아요. 사소하다고 생각했던 내용들에도 관심을 가져 보세요. 여러분들이 미처 생각하지 못했던 새로운 의미들을 발견하게 될 테니까요.

자, 그럼 이제부터 우리 함께 이 책의 의미를 찾아보도록 해요.

★ 과연 '그림자를 믿지 마!'의 핵심 주제는 무엇일까요?

1) 부기의 모험심

이 책의 주제로는 제일 먼저 부기의 모험심이 떠오를 테지요. 동굴에 살던 다섯 명의 원시인들 웅가, 붕가, 우기, 부기, 그리고 트레볼 중에서 부기만이 동굴을 벗어나서 바깥세상으로 나올 수 있었던 이유는 무엇일까요? 그것은 바로 다른 친구들과 달리 새로운 것을 찾아나서는 용기가 있었기 때문이지요.

동굴 안에서만 살았던 원시인들은 겁에 질려서 밖으로 한 발짝도 나갈 엄두를 못 냈을 뿐더러 아예 그쪽은 쳐다보지도 못했어요. 심지어 밖으로 나가면 엄청나게 무서운 일이 벌어질 거라는 상상을 굳게 믿었어요. 웅가는 동굴 밖으로 나가면 자신들이 휙 사라지고 말 것이라고 했어요. 붕가는 바깥에는 엄청나게 큰 용이 살고 있어서, 자신들이 동굴을 나가자마자 한입에 삼켜 버릴 것이라고 믿었어요. 한편, 우기는 동굴 밖에 사는 커다란 미친 괴물이 자신들에게 곧바로 달려들어 큰 발로 밟아 버릴 거라고 말해요. 이런 무서운 상상을 하고 있으니 모두들 동굴 밖으로 한 발짝도 나갈 생각을 못했지요.

 부기만이 그런 무시무시한 바깥세상으로 나갈 용기를 낸 거예요. 동굴 입구도 제대로 바라볼 용기조차 없는 친구들과는 달랐지요. 하지만 부기만이 용기가 있으며 다른 원시인들은 모두 겁쟁이라고 비난할 수는 없어요. 바깥으로 나가고 싶은 충동을 참는 것 또한 용기가 필요할 테니까요.

 만약 친구들이 위험한 공사장에 가서 놀자고 한다면 어떨까요? 분명 가면 안 되는 것을 알면서도 가고 싶은 충동이 일 거예요. 또 만약 혼자만 빠지면 겁쟁이라고 놀려 댈 것 같아 망설여지기도 할 거예요. 하지만 곰곰이 생각해 보세요! 이때 죄의식 때문에 심장이 두근대는 것도 무시하고 친구들을 따르는 것이 진정한 용기일까요? 어쩌면 하고 싶은 일을 하지 않고 꾹 참는 것도 큰 용기일 수 있답니다. 그렇다면 이 이야기에서도 부기의 행동만이 진정 용기 있는 행동이라고 보기는 어려울 것 같군요.

2) 많은 것을 아는 것이 중요하다

 이 책은 부기의 용기보다는 부기가 다른 원시인들보다 더 많은 것을 배우게 된 사실을 강조한 것은 아닐까요? 분명히 부기는 동굴 바깥으로 나와서 많은 것을 보고 배우게 되었어요. 무엇보다도 동굴 안의 세계가 전부가 아니라는 것을 깨닫게 되었지요. 마이크 할아버지를 만나면서는 더 많은 것들을 배웠어요. 게다가 부기가 살던 동굴뿐만 아니라 많은 사람이 수많은 동굴로 흩어져서 밖으로 한 발자국도 나오지 않은 채 살고 있다는 것도 알았어요.

마침내 부기는 동굴에서의 삶이 얼마나 인간답지 못하고 갑갑한지를 배우게 되었어요. 이렇게 새로운 사실들을 알게 된 부기는 무슨 생각을 했을까요? 아마도 분명 이 모든 사실을 모른 채 살아갔다면 얼마나 끔찍했을지 생각했을 테지요. 부기가 예전에 같이 살던 친구들을 깨우쳐 주기 위해서 동굴에 다가섰을 때를 떠올려 보세요. 부기는 친구들이 여전히 죽은 메뚜기를 씹어 먹는 소리를 듣고는 역겨워했어요. 만약 부기도 바깥세상으로 나오지 않았다면 그들과 함께 메뚜기를 씹어 먹고 있었겠지요. 생각만 해도 정말 끔찍한 노릇이죠.

이처럼 새로운 사실을 많이 아는 것은 무척이나 중요해요. 아는 만큼 더 좋은 삶을 살 수 있을 테니까요. 하지만 이 책에서 말하고자 하는 내용이 그것뿐일까요? 많이 알기로 따지자면 마이크 할아버지가 최고일 테지요. 부기는 무엇인가 새로운 것을 깨닫게 돼서 신나 보이지만, 마이크 할아버지는 이미 많은 것을 아는데도 그다지 행복해 보이지 않는군요.

3) 눈에 보이는 것만이 진실은 아니다

결국 이 책은 많이 아는 것보다 더 중요한 게 있음을 가르쳐 주어요. 바로 우리가 진실이라고 믿는 것이 진실이 아닐 수도 있다는 것이에요.

이 말이 무슨 뜻이냐고요? 자, 이제부터 차근차근 풀어나가 보도록 할까요.

이 책의 주인공 부기가 동굴에서 같이 살던 원시인 친구들인 웅가, 붕가, 우기 그리고 트레볼과 다른 점은 무엇일까요? 단순히 동굴 밖으로 뛰쳐나갈 수 있었던 용기뿐일까요?

　부기가 동굴을 뛰쳐나갈 수 있었던 힘은 단지 용기만은 아니랍니다. 만약 부기가 다른 친구들처럼 자기 생각을 조금도 의심하지 않았더라면 그런 용기를 낼 수 없었을 거예요. 부기는 동굴을 나가는 것이 두려웠지만, 한편으로 동굴 바깥에 대해 알고 있던 내용이 틀릴 수도 있다는 생각 때문에 용기를 낼 수 있었어요.

　반면 다른 친구들은 자신들의 생각이 틀릴 수도 있다는 부기의 조심스러운 말에 심하게 화를 냈어요. 그들은 결단코 자신들이 맞다고 굳게 믿었지요. 그런데 부기는 어떻게 했나요? 마이크 할아버지와 함께 옛날 부족이 세웠던 망루 두 곳을 다 둘러보고서 그들이 다툰 이유를 알게 되었어요. 두 부족은 서로 반대쪽만을 보고는 각각 자신이 본 것만 진짜라고 고집하다가 결국 다투게 되었지요. 그러고는 마침내 삼삼오오 동굴 속으로 흩어져 버려서 다시는 바깥세상으로 나오지 않게 되었고요. 너무나도 어처구니없는 일이지요. 부기는 이런 부족 사람들의 태도에서 동굴 벽면에 비친 그림자만 보고 그것을 진짜라고 우기는 친구들의 모습을 떠올린 거예요.

　이제 새로운 세상을 보게 된 부기는 아직도 자신들만 옳다고 믿고 있는 동굴 속 친구들을 깨우치려고 달려갑니다. 마이크 할아버지의 만류에도 불구하고 동굴로 간 부기는 과연 친구들을 설득할 수 있을까요?

★ 눈에 보이는 것을 왜 의심하라는 것일까요?

우리나라 속담 중에 "백번 듣는 것이 한 번 보는 것만 못하다."라는 말이 있어요. 서양에도 비슷한 말이 있는데 "보는 것이 믿는 것이다."라는 말이에요.

둘 다 우리 눈으로 직접 보는 것이 얼마나 중요한지를 일컫는 말이지요. 이 세상에 눈으로 본 것보다 확실한 게 있을까요? 생각보다 우리의 눈이 그렇게 정확하지는 않아요.

자, 여러분들도 잘 알고 있는 물리적 현상을 떠올려 보세요! 물을 반쯤 담은 투명한 컵에 젓가락을 담그면 어떤 일이 벌어질까요? 잘 알다시피 수면을 기준으로 젓가락의 윗부분과 아랫부분이 서로 어긋나 보여요. 실제로는 전혀 이상이 없는 젓가락이 이렇게 보이는 것은 우리 눈에 나타나는 착시 현상 때문이에요. 착시 현상이란 사물이 실제와 다르게 우리 눈에 보이는 현상을 말해요.

또 다른 예를 들어 볼까요? 우리가 좋아하는 만화영화의 주인공들은 화면 속에서 멋지게 움직이지요. 그런데 단지 그림에 불과한 주인공들이 어떻게 움직이는 것처럼 보일까요? 영화는 1초당 24장의 사진들이 빠른 속도로 움직이며 펼쳐지는데 그 움직임이 너무나 빨라서 우리 눈에는 보이지 않는 거예요. 그래서 서로 연결된 동작을 그린 사진들을 빠르게 넘기면 마치 영화 속 주인공들이 움직이는 것처럼 보인답니다. 한마디로 우리 눈이 정확히 모든 것을 볼 수 없기 때문에 사람들이 움직이고 자동차가 달리는 것처럼 속는 거예요.

우리 눈의 이런 착시 현상에 대해 알아보기 위해 어떤 과학자는 한 가지 실험을 했다는군요. 미용사와 의상 디자이너, 그리고 인체를 주로 그리는 화가를 대상으로 한 실험이에요. 그들에게 한 모델을 잠시 보여 주고 각자 본 대로 그리도록 했어요. 미용사는 모델의 머리 모양은 정확하게 그렸지만 얼굴이나 옷은 제대로 그리지 못했어요. 한편 의상 디자이너는 모델이 입었던 옷만 비교적 정확하게 표현했어요. 화가는 자신이 평소에 관심이 있던 얼굴 모습은 미세한 주름까지 표현했지만, 머리 스타일이나 옷은 제대로 그리지 못했어요. 어느 누구도 모두 정확하게 그리지는 못했지요. 이 실험만 봐도 우리 눈은 그다지 믿을 게 못되나 봅니다.

★ 세상은 아는 만큼만 보이는 법

눈에 보이는 대로만 믿으면 때로는 어처구니없는 일이 발생하기도 해요.
여러분들은 천동설과 지동설을 잘 알고 있을 거예요. 천동설은 우주의 중심은 지구이고, 모든 천체는 지구의 둘레를 돈다는 학설이에요. 지동설은 지구가 자전하면서 태양의 주위를 돈다는 학설이지요. 이 두 학설 중 어떤 것이 더 과학적일까요? 당연히 지동설이에요.
자, 여러분들은 지동설에 대해 배워서 알고 있을 테지만 과연 지구가 돌고 있는 모습을 눈으로 본 적이 있나요? 하늘을 한 번 쳐다보세요. 분명 조금 전에 본 태양의 위치와 지금 보는 태양의 위치가 다를 테지요. 우리 눈에는 분명 태양이 움직일 뿐 지구가 움직이는 것으로는 보이지 않을 거예요. 그러니까 중세 시대 사람들이 천동설을 믿은 것은 너무나도 당연한 일이에요.

지동설을 처음으로 주장한 코페르니쿠스는 바로 이 책의 부기와도 같은 인물이에요. 다른 친구들이 동굴의 벽에 비친 그림자만을 진짜로 믿은 데 반해 부기는 자신의 눈을 의심했으니까요. 눈앞에 펼쳐지는 그림자가 사물의 진정한 모습이 아닐 수도 있다고 생각했지요.

코페르니쿠스도 마찬가지였어요. 남들은 모두 태양이나 달, 그리고 별의 움직임을 보이는 대로 믿었지만, 코페르니쿠스는 눈에 보이는 것이 틀릴 수도 있다고 생각했어요. 이렇게 해서 코페르니쿠스의 위대한 발견이 시작되었어요. 아마 코페르니쿠스마저도 눈에 보이는 대로 천동설을 믿어 버렸다면, 우리는 아직도 지구가 우주의 중심이라고 믿으며 살지도 몰라요.

우리는 코페르니쿠스 덕분에 지구가 태양의 주위를 돈다는 사실을 알고 있어요. 이처럼 아는 만큼 세상은 제대로 보이는 법이며, 세상을 제대로 보아야 사물의 진실에 다가설 수 있지요. 사물의 진실에 다가설 수 없다면 한 걸음 더 발전하거나 지혜를 발휘할 수는 없답니다.

잠시 쉬어 가기

이 책의 앞부분 이야기는 아주 옛날 고대 그리스 철학자 플라톤이 쓴 책에서 따왔어요. 동굴의 우화라고도 알려져 있는 이 이야기는 대략 이러해요.

어느 동굴에 죄수들이 갇혀 있었어요. 죄수들은 사슬에 꽁꽁 묶여 있어서 동굴 입구 쪽을 처음부터 볼 수 없었어요. 단지 입구 반대편 벽면만을 볼 수 있었어요. 그러니 죄수들은 동굴 입구를 지나가는 물체들이 반사되어 생긴 그림자만 바라볼 뿐이었어요. 게다가 죄수들은 뒤를 한 번도 돌아본 적이 없기 때문에 뒤가 있는지조차도 몰랐어요. 그래서 벽면에 비춰진 그림자가 실제 모습이라고 생각해요. 가령 나비가 동굴의 입구를 지나칠 때 벽면에 생긴 그림자를 보고 그것을 진짜 나비라고 생각하는 식이지요.

이 죄수들의 모습은 주인공 부기가 동굴을 뛰쳐나오기 이전까지의 모습과 너무나 흡사하지 않나요? 플라톤이 동굴 속 죄수 이야기를 통해서 우리에게 들려주고 싶은 내용도 바로 이것이랍니다. 눈에 보이는 것을 너무나 쉽게 믿어 버리는 우리의 생각이 잘못되었을 수 있다는 거지요.

이 책에서는 부기를 제외한 웅가, 붕가, 우기, 그리고 트레볼이 그러했고요. 또 마이크 할아버지가 들려준 이야기 속 신석기 부족 사람들 역시 그러했어요. 역사상으로 볼 때는 코페르니쿠스가 지동설을 주장하기 전까지 천동설을 믿었던 중세 사람들 또한 마찬가지였어요.

결국 동굴에 갇힌 죄수 이야기는 특별한 사람에 관한 이야기가 아닌 바로 우리 모두에 관한 이야기일 수도 있어요.

★ 보고 알고 있는 것부터 의심하라

　6세기경, 즉 중세 시대에 그려진 유럽의 한 세계지도를 보면 재미있는 사실을 발견할 수 있어요. 그 지도에는 세상의 가장 중심이 로마 교회로 표시되어 있어요. 그리고 세계의 오른편인 동쪽에는 '에덴 동산'이라고 적혀 있어요. 지금 우리가 알고 있는 세계지도와는 아주 다르지요.

　중세 사람들은 세계지도를 왜 그렇게 그렸을까요? 당시는 로마 교회를 중심으로 기독교가 지배하던 시대였기 때문에 사람들은 세계의 중심이 로마 교회라고 믿었어요. 이 지도는 바로 당시의 사람들이 자기 믿음대로 세계의 모습을 상상했음을 알려 주어요. 로마 교회가 세계의 중심이 아님을 인정하기까지는 그 후 몇 백 년의 세월이 더 필요했지요.

　또한 1492년에 아메리카 대륙을 발견한 포르투갈 출신의 탐험가 크리스토퍼 콜럼버스는 자신이 발견한 대륙이 새로운 대륙인줄 꿈에도 몰랐어요. 그는 자신이 발견한 새로운 대륙을 인도라고 믿었어요. 당시 사람들은 유럽 이외에는 아시아와 아프리카 대륙밖에 몰랐으니까요. 게다가 당시에는 그곳이 동쪽이라고 꿈에도 생각하지 못하고 서쪽으로 착각해서 신대륙에 아예 '서쪽 인도', 줄여서 '서인도'라는 이름을 붙였어요. 오늘날까지도 아메리카 원주민들을 인디언(인도 사람)으로 부르는 것 또한 당시의 착각에서 비롯되었어요.

　이들 이야기에서 알 수 있듯 사람들은 자신이 본 것이나 이미 알고 있는 사실을 '참'이라고 믿어 버립니다. 웅가, 붕가, 우기, 그리고 트레볼이 그러했어요.

또한 망루에 올라갔던 신석기 부족의 두 무리들 역시 직접 보고 아는 것만 참이라고 믿었어요. 결코 자신들이 아는 것이 틀렸다는 사실을 인정하지 않았지요. 하지만 그런 믿음의 결과는 아주 끔찍했어요. 두 부족은 파멸했으며, 부기의 동굴 친구들은 아직도 죽은 메뚜기를 씹으면서 살고 있어요.

여러분도 부기처럼 자신이 알고 있는 사실부터 의심해 보세요. 만약 그런 노력이 없었다면 우리들 또한 여전히 태양이 지구를 돈다고 믿고 살지도 모를 노릇이에요. 그랬다면 아마도 우물 안 개구리처럼 새로운 사실을 더 알아내거나 더 나은 방향으로 발전할 지혜를 생각해 낼 수도 없었을 테지요.

이 책을 쓴 데이비드 허친스는 학습과 변화의 중요성을 강조한 시리즈를 썼어요. 이 시리즈는 재미있는 삽화와 은유적인 이야기를 통해 내용을 쉽고 명쾌하게 설명해 주어 전 세계 여러 언어로 번역되기도 했어요. 쓴 책으로는 《레밍 딜레마》, 《늑대 뛰어넘기》, 《네안데르탈인의 그림자》, 《펭귄의 계약》, 《화산의 소리를 들어라》 등이 있어요.

이 책을 그린 바비 곰버트는 정치를 풍자한 만화로 여러 차례 상을 받은 전문 일러스트레이터예요. 귀엽고 유머 넘치는 삽화로 이 책의 내용을 더욱 재미있게 빛내 주었어요.

이 책에 해설을 쓴 박영욱 선생님은 고려대학교 대학원에서 철학 박사 학위를 받고, 고려대학교에서 철학을 가르치고 있어요. 이 책에 해설을 담아 동화의 철학적인 의미를 쉽게 풀어 주고 있어요. 쓴 책으로는 《철학으로 매트릭스 읽기》, 《체 게바라》 등이 있어요.

이 책을 옮긴 신동희 선생님은 삼육대학교 신학교 교수로 재직했으며, 미국 앤드류스 대학 교육대학원에서 리더십 박사 과정을 밟았어요. 현재 리더십 전문가이며 북아시아 태평양 지역(몽고, 중국, 대만, 홍콩, 마카오, 일본, 북한, 한국)의 어린이, 청소년들을 위해 봉사하고 있어요. 옮긴 책으로는 《실패한 탐험가 성공한 리더》가 있어요.

그림자를 믿지 마!

초판 1쇄 발행 2008년 1월 30일

초판 2쇄 발행 2008년 10월 22일

지은이 데이비드 허친스

그린이 바비 곰버트

해설 박영욱

옮긴이 신동희

책임편집 한해숙

디자인 최선영·남금란

펴낸곳 바다출판사

펴낸이 김인호

주소 서울시 마포구 서교동 403-21 서홍빌딩 4층

전화 322-3885(편집부), 322-3575(마케팅부)

팩스 322-3858

E-mail | badabooks@dreamwiz.com

출판등록일 1996년 5월 8일

등록번호 제10-1288호

ISBN 978-89-5561-400-8 73100

ISBN 978-89-5561-397-1 73100(세트)

*이 책은 《네안데르탈인의 그림자(Shadows of the Neanderthal)》를 어린이용으로 새롭게 편집한 것입니다.